Disney

L'ÎLE AU TRÉSOR

ET AUTRES

GRANDS CLASSIQUES DE LA LITTÉRATURE

L'ÎLE AU TRÉSOR

ET AUTRES

GRANDS CLASSIQUES DE LA LITTÉRATURE

hachette
JEUNESSE

SOMMAIRE

SOMMAIRE

L'ÎLE AU TRÉSOR

Carte du trésor de Bones

N
O
E
S

ADMIRAL
DUCKBOW
Sugar

Le jeune Donald Duckins vit avec sa grand-mère à l'Amiral Duckbow, une petite auberge située quelque part sur la côte anglaise. Même si les clients sont rares, Donald adore écouter les marins qui posent un moment leurs sacs pour raconter leurs formidables aventures.

Depuis peu, *un mystérieux capitaine appelé Dingo Bones* s'est installé dans l'une des chambres. Chaque jour, il s'assied devant la fenêtre et boit du thé noir très sucré en contemplant la mer. Fasciné par son comportement, Donald l'observe avec curiosité mais n'ose jamais le déranger.

Le docteur Mickey, un client de l'auberge, est lui aussi très intrigué par le marin. Régulièrement, il l'interroge sur son passé, mais Bones ne lui répond jamais. En revanche, il aime bien Donald et, un jour, *il demande à celui-ci de lui rendre service.*

– Si tu vois un pirate avec une jambe de bois, viens vite me prévenir ! Je te donnerai un sou, promet-il.

– Et si je ne le vois pas ? demande Donald.

– Préviens-moi quand même, tu auras ta pièce !

Dès lors, tous les après-midi, Donald fait son rapport, toujours le même : pas de pirate à la jambe de bois.

Soulagé, *Bones lui donne à chaque fois un objet,* mais jamais aucun sou !

– Ça te sera utile, garçon ! dit-il sans remarquer la déception de son guetteur.

Lorsqu'il n'est pas en train de boire du thé, le capitaine va se percher sur les falaises. Malgré la brume, il y reste des heures, *explorant l'horizon avec sa longue-vue.*

– Pourquoi est-ce que tout est si flou et si petit ? s'étonne-t-il un jour.

– Vous devriez tenir la longue-vue dans l'autre sens, suggère Donald.

– Tu iras loin, garçon ! s'exclame Bones.

Un matin, alors que le capitaine est sur la falaise, *un sinistre individu nommé Eew* se présente à l'auberge.

– Bones vit-il ici ? demande-t-il.

Méfiant, Donald essaye de s'échapper mais l'homme le rattrape.

Soudain, Grand-mère Duckins surgit de la cuisine, les bras chargés de bons gâteaux.

– Goûtez-moi ça, brave homme ! dit-elle en souriant.

La ruse fonctionne ! Eew mange tellement qu'il finit par partir, le ventre bien gonflé.

– C'était du gâteau ! s'esclaffe Grand-mère en faisant un clin d'œil à son petit-fils.

Cependant, lorsque Donald raconte la visite de cet homme à Bones,

celui-ci en recrache son thé !

– Eew est un espion du pirate à la jambe de bois, explique-t-il.

Ils vont me trouver, j'en suis sûr !

Ce soir-là, le capitaine ne descend pas pour le dîner.
Inquiet, Donald lui apporte une bolée de soupe. Après avoir frappé en vain, il ouvre la porte et trouve la chambre déserte. À l'aide d'une corde faite de vêtements noués entre eux, *Bones s'est échappé par la fenêtre !*
Laissant derrière lui son vieux coffre et une lettre pour Donald…

SUCRE

Tout étonné, celui-ci appelle sa grand-mère et lui lit la lettre :

« *Mon cher garçon, merci pour les litres de délicieux thé noir que j'ai savourés et pour avoir été un si vaillant guetteur. Tu mérites tout ce que je t'ai donné. Dans mon coffre, tu trouveras de l'argent pour payer mon séjour, quelques biens personnels et... un grand mystère que tu devras résoudre :* la carte du trésor *que j'ai enterré sur une île lointaine ! Que la chance t'accompagne pour le trouver. Surtout, prends garde au pirate à la jambe de bois !* »

Lorsqu'ils arrivent, le chevalier dîne avec un invité
qui n'est autre que le docteur Mickey.
– Dites-moi, Chevalier, n'êtes-vous pas en train de manger les biscuits
que je vous ai faits il y a... un mois ? s'exclame Grand-mère Duckins en regardant,
l'air étonné, les vieux sablés rassis posés sur les assiettes.

– En effet ! Ce sont les plus tendres qui soient ! répond Picsouney.

– Aussi tendres que des cailloux..., plaisante Mickey après avoir mordu en grimaçant dans un biscuit.

Donald raconte l'aventure de Bones et déroule la carte. Incapable de résister à un trésor, Picsouney, absolument ravi, *promet de partir en quête* dès le lendemain.

Le chevalier tient parole : le matin suivant, Donald embrasse sa chère grand-mère puis il embarque sur un voilier qui est à la fois le plus grand, le plus décoré… et le plus miteux de tous les trois-mâts du port ! Avec excitation, *le chevalier l'accueille à bord* en compagnie du bon docteur Mickey.

Outre l'inventif capitaine Trouvetou, un équipage a été engagé par Long Pat Silver, le nouveau cuisinier du navire.

– C'est la crème de la crème des marins ! Et ils ne sont pas chers, murmure Picsouney, l'air satisfait.

L'allure des hommes n'est pourtant pas très rassurante !

Comme Donald tient une auberge, le capitaine le nomme marmiton pour seconder Silver. *Le cuisinier a une jambe de bois,* exactement comme le terrible pirate dont a parlé Bones. Cependant, il se montre si amical que Donald oublie vite ce détail. Chaque jour, Silver le fait travailler durement, mais il lui raconte aussi les exploits de sa vie de marin.

– J'ai traversé des tempêtes effrayantes,
découvert des trésors extraordinaires
et connu de sacrés loups de mer ! dit-il.
Pour l'impressionner, Donald lui parle
de sa seule véritable aventure : *sa rencontre avec Bones
et la carte du trésor caché qu'il lui a laissée.*
Long Pat a l'air intéressé mais curieusement,
il n'en dit pas grand-chose…

Un soir, épuisé par sa journée, Donald essaye d'attraper un fruit tout au fond d'un tonneau. Or le navire s'incline à cause d'une vague et, perdant l'équilibre, *Donald tombe à l'intérieur du fût !* Aussi affamé que de mauvaise humeur, il décide d'y croquer tranquillement sa pomme avant d'en ressortir.
Soudain, une voix familière résonne sur le pont !

– Ce vieux merlan de Bones a enterré notre trésor sans nous le dire et a donné sa carte au gamin de l'auberge, révèle Long Pat Silver aux marins. Le navire nous conduit tout droit à sa cachette. *Bientôt, nous serons riches !*

– Ha ha ! Quel vieil idiot, ce Bones ! s'exclament les pirates en éclatant de rire, tandis qu'ahuri, Donald se fige.

Dès que la voie est libre, Donald sort du tonneau, se faufile dans l'ombre et court à la cabine pour prévenir le capitaine, le chevalier et le docteur.

– Nous devons empêcher ces hommes de voler le trésor ! leur dit-il, très inquiet. Bones ne voulait surtout pas qu'ils mettent la main dessus !

Tous trois se penchent alors sur la carte et réfléchissent.

– Pourquoi ne pas les abandonner sur une autre île ?
propose Picsouney.
– Non, *ils ne peuvent pas trouver le trésor sans la carte,*
dit le docteur Mickey. Nous n'avons qu'à faire
comme si nous ne savions rien de leur plan.
Ensuite, nous chercherons une solution.
La remarque est sage, mais Donald se laisse difficilement convaincre !

Malgré ses craintes, Picsouney et le capitaine Trouvetou décident de suivre le conseil de Mickey. Quelques jours plus tard, lorsque l'île mystérieuse apparaît, posée sur l'océan, Donald ne peut résister à la tentation. Sans se faire voir, *il saute dans une chaloupe et rame vers le rivage.*
« Après tout, c'est à moi que Bones a donné sa carte ! songe-t-il. Je suis le seul qui peut trouver son trésor et le sauver de ces pirates…
Du moins, je vais essayer ! »

Étonnamment, Mickey se révèle
être un très bon capitaine !
Il conduit le trois-mâts dans
une baie secrète,
puis Donald et lui repartent en chaloupe
chercher leurs amis.
Leur quête ne dure pas longtemps :
à la lisière de la jungle, ils aperçoivent
un vieux fort dont la tour est ornée
d'un drapeau qui claque au vent.
C'est celui, inimitable, de Picsouney !

– Quelle idée ! Les pirates vont nous repérer ! s'écrie Mickey.

– *C'est une diversion,* répond le chevalier. Ils viendront ici pendant que Donald ira déterrer le trésor dans leur dos. Allez, garçon, va vite !

Mickey aimerait accompagner Donald, mais comme le docteur est le seul à savoir où se trouve le navire, Picsouney lui demande de rester au camp.

La carte sous les yeux, Donald traverse bravement la jungle. Il est si concentré qu'il ne s'aperçoit pas que les pirates, dissimulés dans les buissons, le suivent pas à pas. Arrivé à l'endroit marqué d'une croix, il pense enfin toucher au but mais il s'arrête, stupéfait, devant un trou béant : *il n'y a plus ni coffre ni doublons !* Qui est passé avant lui ?

– Hé, marmiton, où est le trésor ? lui crie Silver. Pas la peine de nous mentir !

– Je ne sais pas ! répond Donald, terrorisé.

– On ne te croit pas ! hurlent les hommes en surgissant des buissons.

– *Laissez-le tranquille !* lance alors Silver à sa troupe.

Puis il prend Donald par la main et l'entraîne en courant au loin.

En arrivant au fort, ils sonnent aussitôt la cloche de l'alarme et referment les portes.
Furieux, les pirates jaillissent de la forêt et ne tardent pas à attaquer.
– J'ai construit une catapulte, mais nous n'avons pas de munitions,
déplore le capitaine.
Donald a une idée : il est grand temps d'utiliser la collection
que Bones lui a donnée et qu'il transporte dans un sac
depuis son arrivée sur l'île. L'instant d'après,
tous les objets volent dans les airs !

La plus belle surprise arrive juste après la victoire : Popop Goon entre dans le fort

avec un coffre sur l'épaule.

– J'ai raconté à Donald que je connaissais Bones, mais il ne m'a pas cru, alors voici la preuve que je ne mens jamais ! Tiens, salut, les gars ! Content de vous revoir ! dit-il ensuite à Silver et aux prisonniers ébahis.

Finalement, c'est le trésor qui a trouvé Donald et ses amis !
Bien sûr, Picsouney, qui a financé l'expédition, aimerait bien tout garder pour lui, mais le docteur Mickey l'en empêche :

– *Nous allons partager équitablement ces doublons.*

Et Silver aura lui aussi son dû, car il a sauvé Donald !
Avec reconnaissance, Donald sourit au cuisinier.

À leur retour, *le trésor leur permet de réaliser tous leurs rêves :*
Donald et sa grand-mère ouvrent une luxueuse auberge flottante, Mickey en devient capitaine et Popop profite de sa nouvelle liberté. Long Pat Silver s'installe confortablement sur une île lointaine et Picsouney devient un peu plus riche encore !

Quant au capitaine Bones, Donald n'en entendra plus jamais parler.
Mais il devine qu'il a trouvé, lui aussi, son bonheur, et il ne se trompe pas !
Lassé des bateaux, des pirates, des tempêtes et des trésors cachés,
Bones est devenu explorateur. Et lorsqu'il part à l'aventure,
il n'oublie jamais de s'équiper d'une grosse réserve de thé noir !

DRACULA

Par une nuit glaciale, un jeune avocat anglais, nommé Mickey, arrive dans *le lointain pays de Transpoivrie.* Envoyé par une agence immobilière de Londres, il doit faire signer des contrats de vente à un mystérieux client, le comte Dracula. Cependant, quand il demande à son cocher de le conduire au château du comte, l'homme le laisse près d'un village et s'enfuit à toute vitesse !

Surpris, Mickey va alors *frapper à quelques portes* pour demander son chemin, mais dès qu'ils apprennent sa destination, les villageois le chassent avec colère...

À force de parcourir les rues, Mickey finit par rencontrer une habitante qui balaye le seuil de sa maisonnette et qui semble lui sourire.

– Excusez-moi, Madame, seriez-vous assez aimable pour *m'indiquer la route* qui mène à la demeure du comte Dracula ? demande-t-il poliment.

BING ! L'air furieux, la femme lui donne *un grand coup de balai sur la tête !*

– Nous ne prononçons jamais ce maudit nom ici ! hurle-t-elle avant de rentrer chez elle et de s'enfermer à double tour.

« Décidément, les Transpoivriens ne sont pas des gens très accueillants… », songe Mickey, stupéfait.

Bravement, il repart et, au bout d'un moment, il aperçoit les murs d'un vieux château en haut d'une colline.

Il est plus de minuit lorsqu'il arrive devant le perron.
Immense et ornée de gargouilles, la sombre bâtisse est entourée d'arbres squelettiques et de buissons de piments rouges.
Dans la lumière froide de la lune, des chauves-souris volent en cercle au dessus de ses tours.

– Hum..., peut-être ferais-je mieux de revenir demain matin, murmure Mickey.

À cet instant, la porte s'ouvre et *un étrange personnage s'avance sur le seuil.*

– Bienvenue, monsieur Mickey ! Entrez, je vous attendais ! dit-il d'une voix rauque.

– Euh... Ne pourrions-nous pas rester dehors ? demande Mickey.

– Entrez immédiatement ! insiste le comte.

Malgré son apparence et ses manières étranges, le comte Dracula est en fait le Transpoivrien le plus sympathique que Mickey a rencontré. Et manifestement, c'est *un grand amateur de piments rouges...*

– Servez-vous ! dit-il à son invité. Vous verrez, ils sont juteux !

Mickey décline l'offre. Son seul souci est de terminer sa mission afin de repartir aussi vite que possible. Heureusement, Dracula prend sa plume et commence à signer.

– Je vois que *vous avez acheté deux maisons,* allez-vous vous installer à Londres ? demande Mickey.

– Oui, j'adore votre riche contrée ! Les gens y sont bien plus aimables qu'ici, répond le comte avec un sourire glaçant.

Une fois les contrats signés, Mickey se lève en hâte et s'apprête à s'en aller quand Dracula place sous son nez *une grande bolée de soupe rouge.*

Rempli d'épices et de piments, le mélange bouillant sent la vase, la vieille chaussure et le vêtement moisi !

– Allez, mangez mon cher, c'est délicieux ! dit-il.

Écœuré, Mickey fait un pas en arrière.

– Je suis désolé, j'adorerais goûter à cette soupe épouvant… euh… épatante, mais je suis impatient de retourner à Londres où ma fiancée m'attend, explique-t-il.

Puis il montre au comte *une photo de Minnie posant avec Daisy Westenduck,* sa meilleure amie.

– Ces charmantes demoiselles aiment-elles les piments ? demande Dracula, subitement intéressé.

Lorsque Mickey répond que Daisy a effectivement *une passion pour les plats relevés,* les yeux de Dracula se mettent à briller…

– Bien, je dois y aller…, dit alors Mickey en se dirigeant vers la porte.

Brutalement, le comte lui bloque le passage.

– Vous resterez ici tant que vous n'aurez pas mangé ma soupe ! ordonne-t-il.

Empoignant Mickey, le comte l'entraîne dans une chambre où *il l'enferme* après l'avoir obligé à se vêtir d'un pyjama et d'un bonnet de nuit de couleur rouge. Une fois seul, Mickey décide d'écrire une lettre à Minnie. Il ne comprend pas encore les sombres intentions de Dracula, mais il se jure de ne pas avaler une seule goutte de son horrible soupe !

Pendant de longs jours, Mickey reste enfermé. Il continue d'écrire à Minnie, mais comme il ne reçoit jamais de réponse, il commence à penser que Dracula garde ses lettres sans les envoyer. Un soir, *il réfléchit à un moyen de s'échapper* lorsqu'il remarque une grande agitation devant le porche. Sur le point de se rendre à Londres, le comte fait empiler de longues caisses pleines de terre et de piments dans sa charrette. Mickey frémit en devinant que quelque chose se prépare, mais il réalise aussi qu'il lui sera plus facile de s'évader quand Dracula sera parti…

La nuit même, le comte s'en va. Sans doute croit-il tromper Mickey en ne lui disant rien, mais celui-ci voit s'éloigner son attelage par la fenêtre. Dès qu'il est seul, le jeune avocat *crochète la serrure de sa porte* à l'aide d'une cuillère à soupe, puis il se faufile le long des couloirs, atteint l'entrée et réussit à sortir du château.

Malgré son accoutrement ridicule,

Mickey se met à courir aussi vite que possible.

Il doit rapidement retourner à Londres

pour combattre les sinistres projets du comte.

De son côté, Dracula se dirige vers l'Angleterre,

impatient de rencontrer une certaine demoiselle qui,

selon ce que lui a confié son prisonnier, va adorer ses piments rouges...

Quelques jours plus tard, Minnie dîne chez Daisy en compagnie de M. Donald Duckwood, son fiancé, et de leur ami Quincy Dingo. Depuis plusieurs semaines, tout le monde s'inquiète pour Minnie à cause de la disparition de Mickey, au cours de son voyage en Transpoivrie. Mais ce soir, c'est *le comportement bizarre de Daisy* qui surprend les invités !

Dans l'après-midi, elle a reçu des piments rouges et elle a demandé à Mme Duckfield, sa cuisinière, de lui faire *une soupe épicée* qu'elle avale à présent avec gloutonnerie.

– J'en veux encore ! demande-t-elle.

– Voyons ! C'est la cinquième bolée ! Que diriez-vous d'une part de tarte aux pommes, à la place ? propose Mme Duckfield, abasourdie.

– Qu’est-ce qui lui prend ? murmure Donald. Ce potage sent aussi mauvais que des pieds sales !

Également sous le choc, Minnie ne sait que répondre. Soudain, *Daisy se lève et sort de la salle à manger,* sa cuillère à la main.

– Mais… Daisy, où vas-tu ? s’exclame Minnie avant de prévenir Donald.

Très inquiets, tous deux la suivent jusqu’au jardin.

Une horrible surprise les attend : debout dans l'une des allées, un inconnu à l'aspect terrifiant se penche vers Daisy, chuchote à son oreille et lui remet une soupière pleine de l'écœurant potage. Et lorsque Daisy revient vers la maison, Minnie et Donald remarquent que ses prunelles enflammées ressemblent désormais *à des piments rouges…*

Avec effroi, Donald voit Minnie s'approcher de l'étrange visiteur.

– Qui êtes-vous ? demande-t-elle bravement.

En guise de réponse, le comte se transforme en une immense *chauve-souris !*

Affolée, Minnie s'enfuit, mais Daisy, hypnotisée par sa soupe, semble ne rien remarquer. Quant à Donald, il fonce prévenir son ami, le docteur Horace Horseward.

Enfin repue, Daisy ne cesse de répéter la liste des ingrédients de la soupe.
– Je suis sûre que ce potage contient aussi du jus de chaussettes sales, murmure Minnie en couchant son amie.
Une minute plus tard, Horace fait son entrée et *une forte odeur venue de son collier* envahit la pièce.
– Ne vous bouchez pas le nez, dit-il. Cet ail nous sauvera tous !

Écartant Minnie, il se penche sur Daisy pour observer ses yeux,
puis il se redresse et sort une photo de sa mallette.
– Je sais exactement ce qui arrive. Voici le comte Dracula.
Il a hypnotisé Daisy avec sa soupe de piments. La seule chose que nous pouvons faire à présent c'est de l'empêcher de revenir pour l'enlever, explique-t-il à ses amis.

À cet instant, Mickey pénètre en trombe dans la chambre.
– J'ai été prisonnier pendant des semaines dans son château,
mais je n'ai jamais mangé de son affreuse soupe !
Nous devons l'arrêter ! s'écrie-t-il.
Minnie se précipite avec bonheur vers lui tandis que Donald éclate de rire :
– Dans cette tenue, tu ressembles vraiment à un piment géant, ha ha !

Le docteur révèle alors que Dracula est un vampire
qui peut se transformer en chauve-souris.
– Il est probablement entré en volant dans la chambre de Daisy
et il l'a hypnotisée pour qu'elle se gave de sa soupe, dit-il.
Seule l'odeur de l'ail peut vaincre celle des piments...
Aussitôt, il se met à pendre des guirlandes de gousses dans la pièce.
Tout le monde se bouche les narines.
– Ça sent terriblement mauvais ! se plaint Dingo.

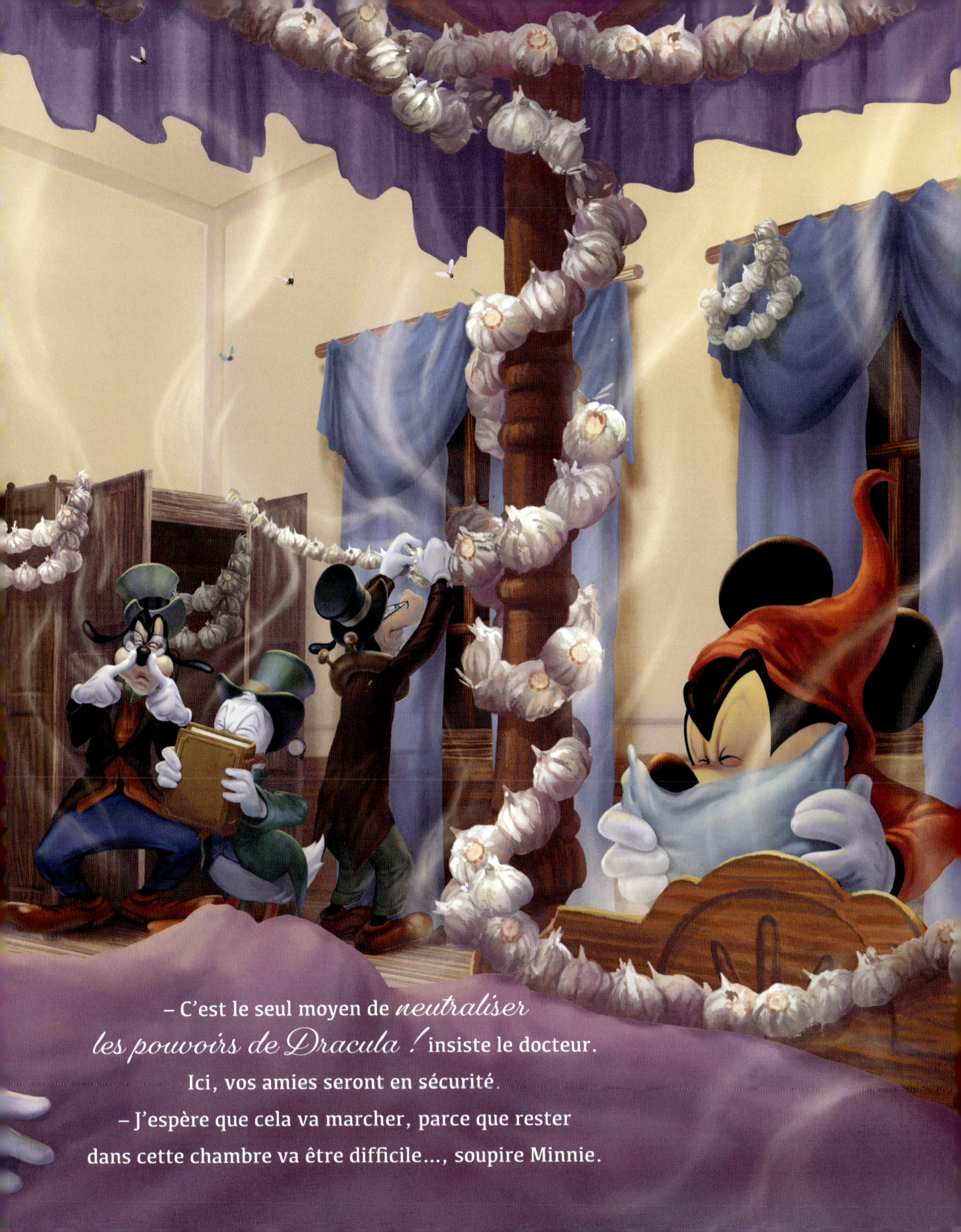

– C’est le seul moyen de *neutraliser les pouvoirs de Dracula !* insiste le docteur. Ici, vos amies seront en sécurité.

– J’espère que cela va marcher, parce que rester dans cette chambre va être difficile…, soupire Minnie.

Une fois la chambre décorée, Mickey et ses amis s'élancent au-dehors, laissant Mme Duckfield veiller sur Minnie et Daisy.

– J'ai les adresses des maisons que le comte a achetées, dit Mickey au docteur. Nous pourrons l'y trouver.

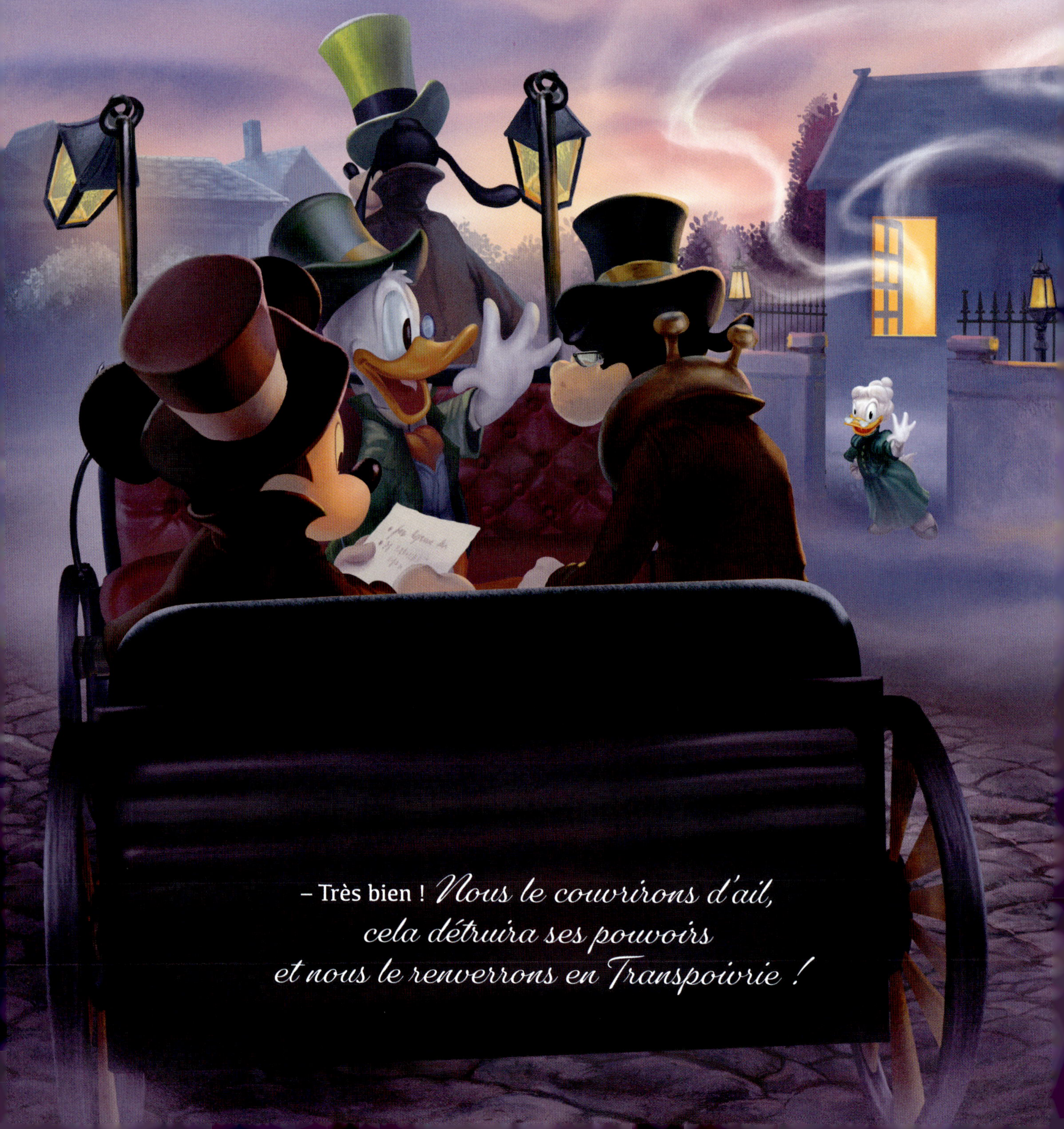

– Très bien ! *Nous le couvrirons d'ail, cela détruira ses pouvoirs et nous le renverrons en Transpoivrie !*

Malheureusement, *leur mission échoue*, car Dracula a changé la première maison en une immense sculpture de piment et la deuxième... en plantation !

Le docteur Horace contemple avec intérêt le résultat.

– Dracula ne prépare sa soupe qu'avec ces piments rouges et voici sa réserve. Sans elle, il ne pourrait plus hypnotiser personne, explique-t-il.

À l'étage, Daisy ouvre soudain les yeux. Minnie remarque qu'ils n'ont plus la couleur rouge des épices.

– Où suis-je ? Quelle est cette horrible odeur ? demande son amie.

– C'est celle de ta soupe préférée, dit Minnie. En veux-tu une cuillère ?

Daisy refuse, l'air dégoûté, ce qui soulage Minnie : *le sortilège s'est rompu,* la gourmande est sauvée !

Pendant ce temps, Mickey, Donald, Dingo et le docteur, qui n'ont pas trouvé le comte, *reviennent en trombe à la villa.* Ils sont inquiets pour leurs amies, car Horace est certain que Dracula ne renoncera pas à Daisy.

– Plus vite ! Plus vite ! hurle Dingo à son cheval pendant que ses passagers s'accrochent à la voiture comme ils le peuvent.

Lorsqu'ils pénètrent en courant dans la maison, *leur surprise est complète :* les dames ont immobilisé le comte dans une ceinture d'ail et elles célèbrent leur victoire avec du thé et de quoi grignoter ! Tandis qu'Horace les félicite, Dingo chipe un sandwich, et Donald, tout content, embrasse sa Daisy.

– Promets-moi que tu ne mangeras plus jamais de cette soupe pimentée ! l'implore-t-il.

– Ne t'inquiète pas, je préfère de loin les succulents sandwichs à l'ail de Mme Duckfield ! répond-elle, enchantée.

Mickey, qui veut comprendre le plan de Dracula, l'interroge aussitôt.

– C'est simple, dit le comte. En Transpoivrie, tous les gens me connaissent et se méfient de moi. *Nul ne veut avaler ma soupe.* Mais ici, personne ne sait qui je suis. Les Anglais sont si naïfs ! Je voulais tous vous hypnotiser afin de prendre le contrôle de votre pays !

– Mais pourquoi faire ? demande Mickey, surpris.

– Eh bien, ensuite, avec ma soupe rouge,

j'aurais conquis le monde entier...

Mais vous avez ruiné mes projets ! se plaint le comte, l'air profondément exaspéré.

– Et nous allons continuer ! s'écrie alors le docteur Horace en ouvrant un petit sac.

Rapidement, il attrape une poignée de fleurs d'ail
et les saupoudre sur la tête du comte.
– Aaaah ! Mes pouvoirs ! *Je perds mes pouvoirs !* crie Dracula,
ahuri et furieux, avant d'éternuer sans s'arrêter.
– Toutes ces fleurs et tout cet ail les feront disparaître à jamais ! promet Horace
en se frottant les mains d'un geste satisfait.

Peu après, le comte lui sourit niaisement, l'air endormi.
Après avoir salué Mickey et ses amis, Horace installe Dracula dans sa voiture et part pour la Transpoivrie, bien décidé *à le raccompagner jusque dans son château !*
– Nous devrions publier un livre afin d'avertir les gens du danger des vampires…, dit Mickey en le regardant s'éloigner.

Quelques jours plus tard, Mickey et Minnie ont commencé à écrire cette histoire.
Désolée d'avoir donné tant d'inquiétude à ses amis,
Daisy espère que ce qui lui est arrivé ne recommencera jamais.
Et comme elle continue à croquer tous les jours quelques gousses d'ail,
le pauvre Donald a bien du mal à s'habituer à son haleine !
Quant à Mme Duckfield, elle teste avec bonheur un grand nombre
de délicieuses recettes de plats relevés d'ail, *ce qui éloignera les vampires de la maison pour très longtemps !*

MOBY DICK

Il est encore très tôt, ce matin-là, quand Donald s'installe sur un quai du port de Nantucket. Comme *il a déjà changé de travail vingt-neuf fois* ce mois-ci, il espère de tout cœur que ce trentième essai sera le bon !

– Qui veut de mes délicieuses crêpes ? Amis marins, venez les déguster avant de partir en mer ! crie-t-il en agitant sa poêle.

Soudain, *la crêpe qu'elle contient s'envole*
et atterrit sur la tête de Pat le Colérique,
le marin le plus détestable de la ville !
– Ah, c'est malin ! hurle-t-il, furieux.
– Euh…, désolé, je ne l'ai pas fait exprès !
Je vais vous en offrir plusieurs, d'accord ? bafouille Donald.
– Je vais te montrer, moi, ce que je fais de tes crêpes ! grimace Pat.

Une minute plus tard, coiffé de sa poêle et de sa crêpe, Donald longe les quais.

– Quelle poisse ! grommelle-t-il. J'ai été peleur d'oignons, cireur de chaussures, goûteur de patates, producteur de navets, laveur de cuillères, testeur d'oreillers... *J'ai tout essayé !* Je ne suis sans doute pas fait pour travailler, mais j'ai pourtant besoin d'argent...

– *Pourquoi ne pas devenir marin ?* l'interrompt Mickey, l'officier de quart du *Pequot*, un navire de pêche. Les repas sont gratuits, le gîte agréable. L'ouvrage est rude et la paye modeste, mais l'océan est magnifique !

– C'est la première fois qu'on me propose un bon travail ! bondit Donald, si heureux qu'il fait tomber sa poêle sur le pied de Mickey !

Le lendemain, Mickey conduit Donald *à bord d'un immense et vieux navire,* puis il le présente à l'équipage.

Il y a là Ludwig Von Drake, un mystérieux canard autrichien qui étudie les courants et les vents, et Géo Trouvetou, qui conçoit des engins qui améliorent la navigation.

– Je suis Dingo, le second du capitaine.

Vous savez ce que ça signifie ? demande un troisième personnage.

– Non, répond Donald.

– Eh bien, moi non plus ! dit Dingo.

– Et un incompétent de plus sur ce navire, un ! crie l'un des harponneurs en éclatant de rire.

Plus tard, Donald rencontre Fip, le joyeux garçon de cabine. Quand Fip est dans le coin, tout peut arriver ! Donald le découvre assez tôt *en glissant dans l'eau savonneuse* que Fip vient de répandre autour de lui. Peut-être pense-t-il que c'est ce qu'il faut faire pour nettoyer le pont, mais c'est surtout un excellent moyen de le rendre dangereux...

Emporté par son élan, Donald tamponne Dingo qui s'écroule sur la dernière invention de Géo Trouvetou, une perche qui permet de régler plus facilement les gréements. Et avant que quelqu'un puisse intervenir, la grand-voile se détache et tombe sur Donald, Dingo et Fip.

Quelle formidable entrée en matière pour notre marin d'eau douce !

Mickey se fige tandis que le capitaine Picsou jaillit de sa cabine, furieux.

– *Qui a détruit ma nouvelle voile ?* crie-t-il. Je l'avais eue pour un bon prix il y a vingt ans ! Elle a survécu aux pires tempêtes, mais elle ne vous a pas résisté, espèces de bernacles !

– Ce n'est pas de ma faute, c'était le savon…, bredouille Donald.

– Que vouliez-vous que j'utilise pour nettoyer ? De la soupe ? réplique Fip.

– Oh, je n'ai jamais mangé de soupe nettoyante ! C'est bon ? demande Dingo.

– Je vois que vous avez engagé un nouveau mollusque, Mickey, fulmine Picsou.

– Désolé, Capitaine, s'excuse l'officier. C'est difficile de trouver des marins pour un baleinier. Donald a besoin de se rôder…

Peu convaincu, le capitaine s'éloigne en ronchonnant.

– Nous sommes sur un baleinier ? demande Donald.

Qu'est-ce que c'est qu'un baleinier ?

– Eh bien, ça sert à transporter des baleines ! répond sérieusement Dingo.

Elles adorent se promener dans l'océan, mais parfois elles sont fatiguées de nager alors nous les chargeons à bord.

– Vous plaisantez ? s'écrie Donald, ahuri.

– Non, répond Dingo. Je suis le second capitaine du navire, et les seconds capitaines de navire ne plaisantent jamais. Enfin... disons, presque jamais.

Heureusement, Mickey, qui a tout entendu, s'approche de Donald.

– *Un baleinier ne transporte pas de baleines,* explique-t-il. *Il les cherche.*

– Il les cherche ? répète Donald.

– Oui, et le capitaine Picsou veut en retrouver une en particulier : l'immense *Moby Dick*. Il y a quelques années, Picsou était un marchand très riche qui parcourait les océans. Tous les trésors qu'il avait amassés étaient à bord de son navire. Mais un soir de tempête, Moby Dick a jailli des flots pour l'attaquer.

– Et il l'a détruit ? demande Donald, impressionné.

– Pire encore : pendant que le bateau coulait, *le cachalot a avalé tous ses trésors,* répond Mickey. Il n'a pas laissé le moindre écu. Pour Picsou, ce fut un véritable cauchemar ! Il ne lui restait plus que la pièce porte-bonheur qui est accrochée autour de son cou et dont il ne se sépare jamais.

– Incroyable ! s'exclame Donald.
– Voilà pourquoi Picsou cherche Moby Dick.
Il ne s'arrêtera que quand il aura récupéré ses biens, conclut Mickey.
– Pense-t-il que son trésor est toujours dans l'estomac du cachalot ?
Et si c'est bien le cas, comment pourra-t-il l'en sortir ?
Et que se passera-t-il si l'or a été digéré ?
– Nous chercherons un moyen, répond Mickey.
Mais d'abord, il faut trouver *Moby Dick* et cela
n'est pas facile. Même si c'est un gigantesque
cachalot blanc, il sait très bien se cacher.
Nous ne l'avons jamais revu depuis son attaque...

Le lendemain, le *Pequot* lève l'ancre et commence à parcourir les sombres étendues de l'océan. À bord, Donald continue à faire d'intéressantes découvertes. Un matin, après plusieurs jours de quête, Fip lui montre, à l'envers, une note de Picsou ornée d'un dessin.

– Le capitaine *promet une récompense* à qui trouvera Moby Dick ! explique-t-il, ravi.

– Ce qu'il est radin, mumure Donald en découvrant que la récompense est un unique doublon.

Puis il réalise que *ses poches sont vides.*

– Bon, c'est mieux que rien.

Je vais tâcher de le gagner ! dit-il à Fip.

– Tu parles ! Tu n'es même pas capable de trouver une plume sur ton propre corps, andouille de canard ! se moque un harponneur.

Mais Donald a tellement envie de gagner le doublon
qu'il monte en haut du grand-mât et s'installe dans le nid-de-pie.
Jour après jour, il passe tout son temps *à observer les flots avec sa longue-vue,* certain que Moby Dick n'est pas très loin.
Un matin, il repère au loin un jet blanc et mousseux.

– Moby Dick ! hurle-t-il à tout l'équipage.

Prêt au combat, le capitaine bondit sur le pont,
plisse les yeux, regarde partout... et ne voit que *Dingo en train de cracher de l'eau pleine de dentifrice en l'air.*

– Eh bien, quoi ? s'exclame le second, tout étonné,
en remarquant que tout le monde le fixe d'un drôle d'air.
Vous ne vous lavez jamais les dents après un bon repas, vous ?

Tout l'équipage se démène pour que le grand voilier s'approche de sa proie. Curieusement, l'animal reste immobile, jusqu'à ce que Géo Trouvetou révèle une mauvaise surprise...

– *Attention, c'est un rocher !* hurle-t-il.

– En arrière ! crie Mickey en tournant la roue à fond.

– Tu peux oublier ton doublon, Donald ! crie l'un des harponneurs.

– Tu as failli nous faire couler en confondant un cachalot avec un rocher ! s'exclame le capitaine, hors de lui. J'en ai assez de toi, mollusque !

Comprenant qu'il a commis sa plus grosse bourde, Donald se cramponne au mât !

Mais beaucoup plus costauds que lui, les harponneurs grimpent sur le mât,
l'arrachent à son perchoir et le descendent sur le pont.
– Le capitaine ne veut plus jamais voir ta tête,
alors on va te débarquer ici ! disent-ils en jetant avec brutalité
le pauvre Donald *sur le rocher.*
Tu ne mérites pas ce doublon, mais nous, si !

– Ce n’est pas vrai ! intervient Fip, balai en main.
Vous n’êtes que des bons à rien !
En ricanant, les trois marins l’attrapent
et lui font partager le sort de Donald.
– Deux canards à la mer ? Quelle triste nouvelle ! se moquent-ils.
Puis le trois-mâts s’éloigne dans la brume,
abandonnant Donald et Fip
en plein milieu de l’immense océan…

– Qu'allons-nous faire, maintenant ? gémit Donald en contemplant les flots glacés.
Comme en réponse, une grosse vague frappe le roc et trempe les deux naufragés de la tête aux pieds !

– Eh ! Je n'ai rien fait de mal, moi ! proteste Fip.

À cet instant, *une énorme nageoire blanche* émerge tout près d'eux, frappe l'eau et les éclabousse à nouveau !

– Ça alors ! Moby Dick ! s'exclame Donald, stupéfait.

– Ah, non ! Cette fois, tu ne m'auras pas ! maugrée Fip en haussant les épaules.

Puis il aperçoit *un œil gigantesque* qui le fixe sous l'eau et il secoue son compagnon.

– Aaaah ! Là ! C'est Moby Dick ! Tu ne le vois pas ? Il faut prévenir les autres, vite ! hurle-t-il en bondissant sur ses pieds.

Les deux amis crient de toutes leurs forces en agitant les bras, mais il est trop tard : le cachalot furieux s'abat déjà sur le *Pequot*, ouvre son immense bouche… et *CRAC !*

– Oh, non ! *Il a englouti le navire et tout l'équipage* comme si c'était une assiette de petits fours ! s'exclame Fip, horrifié.

– Reviens, énorme monstre ! Je vais te faire recracher ton repas ! hurle Donald en boxant l'air autour de lui.

Instantanément, Moby Dick se retourne et commence à nager vers eux.

– Oh, non ! Je plaisantais, digère en paix, noble animal ! bafouille Donald en essayant de se cacher derrière Fip.

Floutch ! En un clin d'œil, *Moby Dick avale les deux canards !* Projetés dans son estomac humide et odorant, ils retrouvent… Picsou en larmes !

– Qu'est-ce que j'ai fait pour mériter ça ? se plaint-il. Mes trésors sont perdus, mon navire est détruit et ces deux insupportables mollusques réussissent à me rejoindre à l'intérieur d'un cachalot !

Tout l'équipage est sain et sauf, mais les harponneurs se navrent : il n'y a aucun trésor à la ronde.

– Les pièces d'or étaient trop difficiles à digérer, dit Mickey. Le cachalot les a sans doute recrachées quelque part…

– J'aime bien cet endroit, l'interrompt Dingo. C'est chaud et doux, et ça sent la soupe de poissons de ma grand-mère.

– Assez de blabla ! tonne Picsou. *Nous devons sortir d'ici !*
Ludwig, par où pouvons-nous passer ?
– S'échapper d'un estomac de cachalot n'est pas une chose très courante, répond le savant. Calculer les possibilités peut prendre des jours, sinon des semaines.
– Ne vous inquiétez pas, je vais trouver ! s'écrie Donald... juste avant de tomber !

En s'approchant pour l'aider, Mickey remarque que le canard a trébuché sur un tas de planches et de cordages.

– Ce sont des morceaux du navire, commente-t-il. Et il y en a beaucoup…

Essayons de construire un radeau !

Le capitaine met aussitôt les trois harponneurs au travail.

– Vous vous plaindrez moins si vous êtes occupés ! leur dit-il.

Bientôt, le radeau est prêt à flotter.

– Si je n'avais pas été là, vous n'auriez jamais trouvé une solution aussi géniale, dit fièrement Donald.

– Tais-toi et tâche de trouver une idée aussi géniale pour nous sortir d'ici ! lui lance le capitaine.

– Pourquoi êtes-vous toujours aussi désagréable ? proteste Donald. Je suis venu pour vous sauver !

De rage, *il se met à sauter sur la langue de Moby Dick !*

Cela agace tant le cachalot qu'il finit par *recracher l'équipage et le radeau !* Après un grand plouf, tous émergent sains et saufs. Bien sûr, ils sont complètement perdus au milieu de l'océan, sans navire, sans vivres, sans eau, sans or et sans aide, mais ils sont vivants !

Tout le monde a rejoint le radeau quand brusquement, le capitaine Picsou repousse à l'eau Donald, Fip et les harponneurs.

– Vous, vous nous avez plongés dans les ennuis, dit-il aux canards. Et vous, vous vouliez me voler mon trésor, ajoute-t-il à l'intention des harponneurs. Alors maintenant, vous allez nous pousser. Ah ! Et une dernière chose : mon or est quelque part au fond de l'océan. Je vous interdis donc de me quitter tant que nous ne l'aurons pas trouvé. *Dès que nous serons à terre, je rachèterai un navire et nous repartirons !* conclut-il en caressant son pendentif porte-bonheur.

Tandis que le mythique cachalot blanc s'éloigne à l'horizon, Donald pousse le radeau en regrettant un peu de ne plus vendre des crêpes sur le port de Nantucket. *Pourtant, grâce à Moby Dick, il a vécu une extraordinaire aventure.* Et il doit bien avouer que ce trente-et-unième travail est définitivement le plus excitant de tous !

ORGUEIL ET PRÉJUGÉS

Picsou Bennet est le modeste et économe propriétaire d'une jolie maison située à Longbourn, en Angleterre. Il mène une vie simple et tranquille *avec ses cinq jeunes nièces et leur bavarde gouvernante, Mˡˡᵉ Brigitte,* qui l'aime en secret.

Les filles sont cousines, mais elles sont très différentes les unes des autres : Daisy est aussi douce que le miel, Minnie est très indépendante, Emily adore lire et les deux dernières, Dickie et Clarabelle, ne pensent qu'à s'amuser !

Tout excité, il rentre vite chez lui. Minnie, Daisy, Emily et Melle Brigitte sont dans le salon en train de réparer un mur endommagé.

– Si Daisy épouse notre nouveau et riche voisin, nous pourrons payer les travaux de la maison, dit joyeusement Picsou. À moins que nous ne gardions l'argent en continuant de réparer nous-mêmes, évidemment…

– M. Bennet, *on n'épouse pas quelqu'un pour son argent,* proteste Melle Brigitte avec sérieux. *On l'épouse par amour !*

Mais le plan de Picsou est déjà fait et il n'écoute plus…

Comme Brigitte, Minnie n'apprécie pas du tout que son oncle rêve de les marier, elle et ses cousines, à de riches gentlemen. M. Bennet espère aussi que Dickie et Clarabelle gagneront l'argent du concours de *« La chèvre la mieux élevée ».* Hélas, les deux jeunes filles ont beau tenter de l'entraîner, Billie préfère brouter plutôt que de bien se comporter !

Quelques jours plus tard, M. Bennet reçoit une lettre qu'il donne en souriant à Mlle Brigitte.

– Mesdemoiselles, vous êtes invitées *au bal de Meryton !* annonce-t-elle.

– M. Duckley, à qui j'ai envoyé un cadeau de bienvenue, sera certainement ravi de connaître mes ravissantes nièces !

Agacée, Minnie ne dit rien pour ne pas gâcher la joie de Daisy.

Le soir venu, les cousines Bennet se rendent toutes au bal, vêtues de robes simples et élégantes. *M. Duckley remarque tout de suite Daisy et l'invite à danser,* ce qu'elle accepte avec plaisir.

– Avez-vous reçu le présent de mon oncle ? lui demande-t-elle.

– La coupe ébréchée avec le nom d'un inconnu dessus ? Euh..., oui, c'est très gentil de sa part ! répond-il en écrasant maladroitement le pied de Daisy. Celle-ci parvient à changer son cri en sourire. Conquise par son cavalier, elle est vraiment heureuse qu'il l'ait invitée malgré le cadeau ridicule de son oncle.

Parfois, M. Duckley rend visite aux Bennet accompagné de sa sœur et de M. Micksy, qui voit soudain Minnie d'un œil nouveau alors qu'elle-même continue de ne pas l'apprécier. Un jour, dans le jardin, Billie saute dans une flaque de boue et les éclabousse tous les trois. Minnie ne peut s'empêcher d'éclater de rire !

Melle Duckley, choquée, remarque que Micksy regarde fixement Minnie.

– Ne trouvez-vous pas très impoli de sa part de se moquer ainsi de nous ? demande-t-elle.

– *Je n'ai jamais vu un aussi joli sourire...,* lui répond-il, ce qui la choque plus encore !

Minnie, qui ne sait rien des sentiments de Micksy, se réjouit cependant que Daisy ait trouvé le grand amour. Ainsi, la vie s'écoule, paisible, jusqu'au jour où dans l'épicerie du village, Billie chipe une laitue et s'enfuit sous le nez des cousines ! Heureusement, *un bel officier entre dans* la boutique et parvient à stopper la chèvre.

– Enchanté, mademoiselle ! *Je suis Mortimer Mousham,* et voici la laitue volée, dit-il à Minnie.

Celle-ci rougit, charmée de rencontrer un aussi galant homme.

À cet instant, M. Micksy fait son apparition et il échange avec M. Mousham un regard glacial. Intriguée, Minnie comprend alors qu'ils se connaissent et qu'ils ne s'apprécient pas beaucoup…

Ce jour-là, les Bennet reçoivent une invitation inattendue et appréciée pour *un bal donné par M. Duckley* à Netherfield Park. Les jeunes filles sont tout excitées, Daisy se réjouit de revoir son soupirant et Minnie espère secrètement que M. Mousham fera partie des invités.

Hélas, le soir venu, elle est déçue de ne pas voir son officier. « Peut-être n'est-il pas venu à cause de la présence de M. Micksy... », songe-t-elle. Soudain, le comportement de ses cousines la distrait de ses pensées : *incapables de se tenir correctement,* elles attirent les regards choqués des hôtes de M. Duckley. Minnie se sent horriblement embarrassée, d'autant qu'elle voit M. Micksy s'approcher d'elle...

– *Mlle Bennet, me ferez-vous l'honneur de m'accorder cette danse ?* dit-il en s'inclinant élégamment.

Surprise, Minnie accepte.

– M. Micksy, connaissez-vous M. Mousham ? demande-t-elle ensuite abruptement pendant qu'ils tournent tous les deux en rythme.

Micksy hésite un court moment avant de finir par acquiescer, l'air ennuyé.

– Oui, M. Mousham est mon cousin,
mais je préfèrerais ne pas parler de lui..., répond-il.
– Est-ce parce que vous ne l'aimez pas ? s'étonne Minnie.
Vous êtes décidément un homme très désagréable, M. Micksy,
ajoute-t-elle, fâchée. *Je ne veux plus danser avec vous.*
Et sans un regard, elle abandonne son cavalier au milieu de la salle de bal !

Le matin suivant, M. Bennet est persuadé que M. Duckley demandera la main de Daisy.
Au lieu de cela, il reçoit une lettre de Melle Duckley :
les Duckley, écrit-elle, rentrent à Londres avec M. Micksy. Elle ne sait pas
s'ils reviendront à Netherfield Park, mais remercie les Bennet de leur présence
remarquée au bal.
Melle Brigitte fond aussitôt en larmes et M. Bennet est *si bouleversé*
qu'il en oublie sa promenade au village.

Daisy ne pleure pas mais Minnie devine sa profonde tristesse.
– Ne t'inquiète pas, je vais aider Dickie et Clarabelle à entrainer Billie, dit-elle bravement. Cela me changera les idées.
De son côté, Minnie doit faire ses bagages, car tante Topolina, qui voyage toujours avec toute sa garde-robe, lui a proposé de *visiter la superbe région du lac.*

Quelques jours plus tard, Minnie et tante Topolina arrivent à Pemberley, un superbe château qui, dressé face au lac, est entouré de forêts et de vertes prairies. Elles sont accueillies dans le jardin par un drôle de valet qui leur annonce que *le domaine entier appartient à M. Micksy !* Et tandis que Minnie fait la connaissance de son chien, Pluto, le valet leur propose de visiter la demeure.

Dans la galerie d'art, *un portrait de Micksy posant avec Mousham* surprend Minnie.

– M. Mousham est très égoïste, explique le valet. Quand ils étaient enfants, il volait toujours l'argent de poche de mon maître… et il a continué en grandissant ! Pluto, qui aime pourtant tout le monde, ne l'aime pas du tout !

Alors que Minnie apprend la vérité sur M. Mousham, M. Micksy, qui revient de Londres, entre dans la pièce et découvre avec joie sa présence. En s'inclinant pour lui faire un baisemain, il lui propose *une promenade en bateau sur le lac.* Elle accepte, un peu gênée. Ravi, Pluto les accompagne, mais aussitôt à bord, il se met à ronfler !

– J'ai tu mes sentiments parce que votre famille est un peu embarrassante, mais je ne peux plus vous cacher que *je vous aime, Minnie !* déclare Micksy d'une voix forte pour couvrir les bruits de son chien. Puis il avoue qu'il a persuadé M. Duckley de retourner à Londres et d'oublier Daisy, car il est convaincu que celle-ci ne tient pas vraiment à lui.

Après avoir remercié leur hôte, Minnie et tante Topolina partent aussitôt.
Minnie ne souhaite qu'une chose :
être auprès de sa famille.
Billie, à laquelle tous sont attachés, était leur unique
chance de réparer la vieille maison.
Quelques minutes plus tard, M. Micksy selle son cheval
et part de son côté, une petite idée en tête.

Quelques jours plus tard, Minnie arrive à Longbourn et trouve sa famille en train de célébrer... la victoire de Billie !

– Nous avons eu le premier prix ! s'exclame joyeusement Dickie.

– *Et c'est grâce à M. Micksy qui a retrouvé Billie* et nous l'a ramenée, ajoute Clarabelle.

Stupéfaite, Minnie demande comment Micksy a pu intervenir.

M. Bennet lui explique que M. Mousham, ayant trouvé Billie,
l'a gardée au lieu de la rendre et s'est inscrit au concours.
M. Micksy lui a alors *proposé d'échanger Billie contre la chèvre sauvage d'un fermier,*
en jurant à Mousham qu'elle était beaucoup mieux élevée.
Et comme Billie venait d'essayer de brouter sa jaquette,
M. Mousham a accepté.

– Lorsque Mousham a compris que la chèvre sauvage
qu'il présentait était encore plus infernale que Billie,
c'était trop tard ! conclut oncle Bennet en riant.

– Quant aux autres chèvres, elles se comportaient si mal
et faisaient tellement de bêtises que le jury n'a pas pu faire autrement
que *de voter pour Billie...*
Incroyable, non ? ajoute Clarabelle.

Tout heureuse de savoir que *sa famille a gagné l'argent du prix,* Minnie est touchée par le geste de M. Micksy. Soudain, Melle Brigitte aperçoit justement par la fenêtre M. Duckley et M. Micksy traverser le jardin, des bouquets dans les mains. Vivement, elle prévient les autres, on range vite le salon, puis on ouvre la porte.

Quelques minutes plus tard, laissé seul avec Minnie,
M. Micksy s'agenouille, déclare à nouveau sa flamme
et demande galamment sa main. Il a aidé sa famille parce que
son plus grand désir est de la rendre heureuse.
Et cette fois, Minnie dit oui de tout son cœur à celui qu'elle aime
et dont elle a enfin compris les intentions !

M. Duckley fait sa demande, lui aussi. Et même s'il trébuche et tombe en arrivant, Daisy lui dit oui sans hésiter. Dickie et Clarabelle sont enchantées du mariage annoncé de leurs cousines, Melle Brigitte essuie une larme d'émotion et Emily continue de lire en ignorant complètement ce qui se passe autour d'elle. *M. Bennet, lui, s'en rend parfaitement compte et cela le comble.* Finalement, deux de ses nièces sont amoureuses des fortunés gentlemen qu'elles vont épouser ! N'est-ce pas absolument parfait ?

L'oncle est même si content qu'il finit par avouer son grand secret :
en réalité, il a toujours été très riche, mais il ne l'a jamais dit ni montré pour éviter que ses nièces ne dépensent tout son bien !

– Quoi ? Tu nous as sans cesse fait réparer cette maison alors que tu pouvais payer des ouvriers ? s'écrie Daisy, très choquée.

– Nous avons entraîné Billie pendant des mois et nous t'avons donné l'argent du prix ! Rends-le-nous ! hurle Clarabelle, furieuse, avant de courir après M. Bennet.

En observant la scène, Minnie et M. Micksy sont d'accord sur une chose : certes, la famille Bennet est quelque peu embarrassante, mais avec elle, *on ne s'ennuie jamais !*

Tous deux se regardent ensuite en souriant,
certains que *la nouvelle vie qui les attend sera remplie d'amour, d'amitié, de bonheur et de beauté.*

L'île au trésor
Écrit par Tea Orsi
Illustré par Mike Wall

Dracula
Écrit par Tea Orsi
Illustré par Gonzalo Kenny

Moby Dick
Écrit par Tea Orsi
Illustré par Goodname Studio

Orgueil et Préjugés
Écrit par Tea Orsi
Illustré par Goodname Studio

Directeur : Antoine Béon
Responsable éditoriale : Adélaïde Lebuy
Responsable artistique : Pauline Ortlieb
Fabrication : Marine Wiplier
Édition : Cécile Brochet
Suivi éditorial : Stéphanie Go
Adaptation des textes : Sophie Koechlin
Mise en page : Laurent Carré

Édité par Hachette Livre – 58, rue Jean Bleuzen - 92178 Vanves Cedex
Imprimé par Estella Graficas en Espagne – Achevé d'imprimer : octobre 2021
ISBN : 978-2-01-204896-6 – Édition : 01 – Dépôt légal : octobre 2021
Loi n° 49-956 du 16 juillet 1949 sur les publications destinées à la jeunesse.

Pour tout renseignement concernant nos parutions, nous contacter par e-mail : disney@hachette-livre.fr

Pour l'éditeur, le principe est d'utiliser des papiers composés de fibres naturelles, renouvelables, recyclables et fabriquées à partir de bois issus de forêts qui adoptent un système d'aménagement durable. En outre, l'éditeur attend de ses fournisseurs de papier qu'ils s'inscrivent dans une démarche de certification environnementale reconnue.